世界五千年
科技故事丛书

卢嘉锡题

世界五千年科技故事丛书

他架起代数与几何的桥梁

笛卡尔的故事

丛书主编　管成学　赵骥民

编著　张艳　关科

吉林出版集团 | IC 吉林科学技术出版社

图书在版编目（CIP）数据

他架起代数与几何的桥梁：笛卡尔的故事 / 管成学，赵骥民主编. -- 长春：吉林科学技术出版社，2012.10（2022.1重印）

ISBN 978-7-5384-6089-6

Ⅰ.① 他… Ⅱ.① 管… ② 赵… Ⅲ.① 笛卡尔，R.（1596～1650）—生平事迹—通俗读物 Ⅳ.① B565.21-49

中国版本图书馆CIP数据核字（2012）第156234号

他架起代数与几何的桥梁：笛卡尔的故事

主　　编	管成学　赵骥民	
出 版 人	宛　霞	
选题策划	张瑛琳	
责任编辑	潘竞翔	
封面设计	新华智品	
制　　版	长春美印图文设计有限公司	
开　　本	640mm×960mm　1 / 16	
字　　数	100千字	
印　　张	7.5	
版　　次	2012年10月第1版	
印　　次	2022年1月第4次印刷	

出　　版	吉林出版集团
	吉林科学技术出版社
发　　行	吉林科学技术出版社
地　　址	长春市净月区福祉大路 5788 号
邮　　编	130118
发行部电话 / 传真	0431-81629529　81629530　81629531
	81629532　81629533　81629534
储运部电话	0431-86059116
编辑部电话	0431-81629518
网　　址	www.jlstp.net
印　　刷	北京一鑫印务有限责任公司

书　　号	ISBN 978-7-5384-6089-6
定　　价	33.00元

序 言

十一届全国人大副委员长、中国科学院前院长、两院院士

放眼21世纪，科学技术将以无法想象的速度迅猛发展，知识经济将全面崛起，国际竞争与合作将出现前所未有的激烈和广泛局面。在严峻的挑战面前，中华民族靠什么屹立于世界民族之林？靠人才，靠德、智、体、能、美全面发展的一代新人。今天的中小学生届时将要肩负起民族强盛的历史使命。为此，我们的知识界、出版界都应责无旁贷地多为他们提供丰富的精神养料。现在，一套大型的向广大青少年传播世界科学技术史知识的科普读物《世

界五千年科技故事丛书》出版面世了。

　　由中国科学院自然科学研究所、清华大学科技史暨古文献研究所、中国中医研究院医史文献研究所和温州师范学院、吉林省科普作家协会的同志们共同撰写的这套丛书，以世界五千年科学技术史为经，以各时代杰出的科技精英的科技创新活动作纬，勾画了世界科技发展的生动图景。作者着力于科学性与可读性相结合，思想性与趣味性相结合，历史性与时代性相结合，通过故事来讲述科学发现的真实历史条件和科学工作的艰苦性。本书中介绍了科学家们独立思考、敢于怀疑、勇于创新、百折不挠、求真务实的科学精神和他们在工作生活中宝贵的协作、友爱、宽容的人文精神。使青少年读者从科学家的故事中感受科学大师们的智慧、科学的思维方法和实验方法，受到有益的思想启迪。从有关人类重大科技活动的故事中，引起对人类社会发展重大问题的密切关注，全面地理解科学，树立正确的科学观，在知识经济时代理智地对待科学、对待社会、对待人生。阅读这套丛书是对课本的很好补充，是进行素质教育的理想读物。

　　读史使人明智。在历史的长河中，中华民族曾经创造了灿烂的科技文明，明代以前我国的科技一直处于世界领先地位，涌现出张衡、张仲景、祖冲之、僧一行、沈括、郭守敬、李时珍、徐光启、宋应星这样一批具有世界影响的科学家，而在近现代，中国具有世界级影响的科学家并不多，与我们这个有着13亿人口的泱泱大国并不相称，与世界先进科技水平相比较，在总体上我国的科技水平还存在着较大差距。当今世界各国都把科学技术视为推动社会发展的巨大动力，把培养科技创新人才当做提高创新能力的战略方针。我国也不失时机地确立了科技兴国战略，确立了全面实施素质教育，提高全民素质，培养适应21世纪需要的创新人才的战略决策。党的十六大又提出要形成全民学习、终身学习的学习型社会，形成比较完善的科技和文化创新体系。要全面建设小康社会，加快推进社会主义现代化建设，我们需要一代具有创新精神的人才，需要更多更伟大的科学家和工程技术人才。我真诚地希望这套丛书能激发青少年爱祖国、爱科学的热情，树立起献身科技事业的信念，努力拼搏，勇攀高峰，争当新世纪的优秀科技创新人才。

目　录

引 子

    1618年11月的一天，在荷兰小小的城镇布莱达的街道上，走着一个瘦瘦的年轻人。冷风把街道上的落叶吹得沙沙作响，那位年轻人不禁把军大衣的领子往上拉了拉。从他的军服上可以看出他是王子莫里茨·奥拉日军队中的士兵。他百无聊赖、漫无目的地在街上走着，不时地用脚去踢被风堆在马路边上的树叶。他就这样边玩边走，目光不放过任何一个能引起他好奇的事物。有经验的人一看便知，这个士兵唯一的目的就是想寻找乐趣。

寒风不停地刮着。街上的行人很少，仅有的几个人也是把身子严严地裹在大衣里急匆匆地走过。这位年轻人不禁想到，这些人急匆匆地去干什么呢？为什么人们都有那么多的事情可做？而我却什么事也没有，这般的无聊。他长长地叹了一口气，呼出的气在寒冷的空气中化作了一团白雾。突然，他透过白雾看见前面有一群人围在一起，中间有一块木制的招牌。招牌上贴着布告，人们正议论纷纷。

年轻人赶忙走上前去，想听清人们的谈话。可是他的脸上马上现出懊恼的神色。原来人们说的都是荷兰话，他听不懂——他是一位法国人，但他明白大家的话题是在那张布告上。

"这张布告上写的是什么？"他用法语向在场的人打听道。人们都茫然地望着他——同样人家也听不懂他说的话。这时有一个学者打扮的人好奇地打量着他。

"这位士兵是想知道布告的内容吧？"那位学者打扮的人用法语问道。

"是的，先生。您能告诉我吗？"年轻人很有礼貌地回答道。

"我是物理学、医学和数学教师，是多特学院的院长，叫毕克曼。"毕克曼自我介绍说，"不过，我有一个条件，就是你要把这布告上的所有问题的答案送给我。"

"好吧，先生。我接受您的条件。"年轻人说。

毕克曼告诉年轻人，那贴在招牌上的是一张数学有奖竞赛题的布告。布告还明确公布了比物质奖励更富于象征意义的奖赏，那就是能解答出来的人会获得城里最好的数学家的称号。毕克曼还把自己家的地址告诉了他。

这位年轻的法国人记下了所有的问题后，回到了军营。他找出笔和纸，认真地解答起来，并且很快就答出了好几个问题，最后只剩下一个问题，他怎么也解答不出来。

这时，夜已经很深了，军营里的就寝号已经吹过了，他不得不上床休息，可脑子里却怎么也放不下这个问题。他就躺在床上翻来覆去地想，天渐渐地露出了曙光——他想了一夜。突然，他一下子豁然开朗，马上爬起床来，拿出笔和纸，演算了一遍，一点没错。他高兴地拍了拍自己的脑袋，快活地在地上转了两个圈，带上所有的答案去找毕克曼的家。

他沿着大街走着，冬日的早晨异常地寒冷。一会儿，寒风就穿透了他的衣服，冷得他一连打了好几个冷战，但他还是不停地往前找着。当他来到毕克曼家门前时，他的胡子上已经结上了冰，手冻得按门铃都费力。

毕克曼打开家门，很惊讶地迎接年轻人。当他看到所有准确无误的答案时，一下子惊呆了。

"天哪，我的上帝！真没想到，真没想到！"他不停地重复着这几句话。他热烈地拥抱这位年轻人，说："在这以前，没有一个人能这样轻易地，一下子解出公认的权威们用几个月的时间为之绞尽脑汁的问题。我开始还把你当成了一个游手好闲的人。"

毕克曼的家人都跑出来看这位神奇的人物，围着他，问他叫什么名字，是哪国人。

年轻人回答说："我是法国人，叫笛卡尔。"噢！原来他就是后来成为著名数学家的勒内·笛卡尔（1596—1650）。

刻苦学习的少年

　　1596年的一天，在法国西部图兰省和布瓦杜省交界处的小镇拉埃（现名拉埃——笛卡尔），一个婴儿来到了世上。父亲望着孱弱的孩子和躺在床上的母亲，一筹莫展。母亲生下这个孩子后就病倒了，不久就去世了。

　　父亲是一个有名的绅士，也是一位律师，是

布列塔尼省的参议员。他面对失去母亲的婴儿不知如何是好。多亏了家中的保姆愿意照看这个孩子。这个孩子高烧不退，许多大夫束手无策，父亲非常担心他也会随母亲而去。在保姆的精心护理下，孩子居然活了下来，父亲因此给他取名为勒内·笛卡尔。Rene（勒内）在法文中是"重生"的意思。

不久，父亲又结了婚，娶的是一位布列塔尼省的女人。他们一起住在布列塔尼省，把小笛卡尔交给保姆来照顾。因此，笛卡尔自幼就失去了母亲和父亲的关怀，这也许是他生性孤僻的原因。

小笛卡尔在保姆的照看下，一天天地长大了。白天保姆领着他在庄园里散步，指给他识别各种植物和昆虫；晚上保姆给他讲许多优美的故事，讲得最多的是《圣经》里的故事。小笛卡尔总是刨根问底，想知道每件事情的原因。

一次，保姆给小笛卡尔讲《圣经》里诺亚方舟的故事。小笛卡尔问保姆：

"那个方舟多大呀？"

"要造多长时间才能造成啊？"

"从进到方舟里到出来是多少天呢？"

"他们储存的粮食够吃吗？"

……

保姆耐心地一一回答小笛卡尔的提问。有时笛卡尔还扳着自己的小手指头算着、数着。好长一段时间，小笛卡尔都在想象那个方舟的形状，想象着它在水里是个什么样子，会不会翻转。

保姆有时也给他讲希腊罗马的神话传说。小笛卡尔最感兴趣的是太阳神阿波罗和科学女神缪斯。他问保姆："是不是缪斯什么都知道？那我有不知道的事情是不是可以问缪斯？"

保姆总是很慈爱地摸着他的头说："是的，是的，我的孩子。"

保姆每次见到他的父亲都把这些事讲给他听。父亲用欣赏的目光看着小笛卡尔。小笛卡尔问父亲："父亲，这世上的一切事物都是神创造的吗？"

父亲说："是的。"

"那么，我呢？也是神创造的吗？"

父亲无法回答了。

小笛卡尔很无奈地摇了摇头。父亲坐在高背的椅子上笑呵呵地拍着小笛卡尔的肩说："我的小哲学家，你是要把世上的一切问题都弄懂吗？"

小笛卡尔认真地点点头："是的，我会的。"

父亲看着小笛卡尔一本正经的样子，开怀大

笑起来。

在这样的环境中，小笛卡尔长到8岁时，父亲对小笛卡尔说："我的小哲学家，你该上学了，愿意吗？"

小笛卡尔在保姆给他讲的故事里，听到过许多学校里的事，他早就向往着那样的生活啦！见父亲这样问他，高兴地直点头。

父亲说："我想送你去拉夫赖公学读书，那里的教育是全面的、高级的，但是会很累，孩子，我怕你的身体吃不消。"

小笛卡尔说："爸爸，我愿意去。我喜欢一流的学校，我要成为最好的学生，累一点我不怕！"

于是小笛卡尔被送到法国国王亨利四世创立的并由神父们经办的当时最有名的学校之一——拉夫赖公学，在那里学习拉丁文、希腊文、诗学、物理学、数学、逻辑学、道德学、形而上学等课程。这给他一生的学术生涯打下了稳固的基础。

拉夫赖公学汇集了来自四面八方的贵族子弟。可是，校长独独喜欢好提问题的小笛卡尔。每天早晨要很早就开始上课，小笛卡尔坚持了没几天就病倒了。校长亲自去探问，小笛卡尔嚅嚅地说出了原因。原来，他习惯睡早觉。学校的生活打破了他原来的生活规律，加上身体本来就虚弱，因此病了。校长马上决定他可以不那么早去教室，允许他一直睡到他想去教室的时候。

这样，他每天早晨在床上自学大量的数学、哲学等知识，这成为他数学和哲学思想的主要来源。

在这些同学中，笛卡尔最喜欢与梅森（Marin Merenne）在一起。他们一起探讨数学问题，一起玩耍，做各种有益的游戏。

一天，笛卡尔正躺在床上看书。这是一本他早已看过的书，看了一会儿，觉得没有什么新鲜的东西，就把书放下，双手放在脑后思考着。

这时，门开了，梅森走进来，手里拿着一本书。他说："笛卡尔，我借到一本书，拿来给你看。"

笛卡尔非常高兴："谢谢你，梅森，我正没有新书看呢！"

笛卡尔和梅森就这样互相帮助，一起学习，后来都成了著名的数学家。

拉夫赖公学因为是教会的学校，所以学的大多是神学和经院哲学。笛卡尔自学了许多新兴的自然科学书籍之后，看出了学校传授的经院哲学的破绽，并得出它"没有一件事是不可疑"的结论，只有数学家克拉维斯（Christopher ClaVius，利玛窦的老师）编写的《代数学》课本使笛卡尔学到了16世纪数学的成果。

笛卡尔的这种思想，遭到了老师的打击。有的老师向校长提出不让他睡早觉，以免他不上课，看一些违反神学的书籍。校长把笛卡尔找到了办公室。

"情况可不太妙哇，我的孩子。"校长对笛卡尔说，"有好几位老师对我说你很顽固，不喜欢听老师讲课，对他们的观点大加指责，有这回事吗？"

"是的，我觉得他们的观点漏洞百出。"笛卡尔如实地答道。

"可是，我的孩子，你不能指责他们，因为他们是老师。"校长努力地想把话说得更合理一些，"这些观点已经千余年不变了。"

"可是，不变的东西不一定就是对的，而且

永远不变是不可能的。"笛卡尔睁大双眼认真地说。

"然而，你要这样下去，会使老师们反对你，而且，你会失去睡早觉的机会。"校长只好把最终想说的话说了出来。

笛卡尔不说话了。他怕失去早晨那段自由支配的时间，那段时间是用来阅读他喜欢的书籍的。

"你能保证以后不再指责他们吗？"校长问。

"好吧，我以后不了。"笛卡尔不得不做出让步。

然而笛卡尔没有屈服。尽管他对老师们的做法很伤心，但他仍继续阅读那些哲学、数学、文学、历史等珍贵书籍，他的思想也日趋成熟。

1612年，笛卡尔经过8年半的学习，以模范生毕业。

毕业这天，父亲来学校接他。16岁的笛卡尔已经长成了大小伙子。他对父亲说："在这样的学校求学，并没有得到别的好处，只不过是愈来愈发觉自己的无知。"

父亲看着他青春焕发的样子，非常高兴："孩子，我对你的成绩非常满意。我们家是律师家庭，所以我希望你去学法律，你同意吗？"

笛卡尔对法律不是非常感兴趣，但父亲的要求他只好答应。于是他进了波埃顿大学攻读法律。

回头的浪子

1616年笛卡尔在普瓦蒂埃（Poitiers）大学获得法学博士学位后，去巴黎当律师。

当时的巴黎非常繁华，汇聚了许多在学术上颇有名气的专家、学者，也聚集了一些纨绔子弟。笛卡尔是怀着走向社会、"读世界这本大书"的想法来到巴黎的，但是他来到巴黎后觉得百无聊赖，对那些法律程序毫无兴趣，对巴黎这个被称为"花都"的城市那种豪华和放荡熟视无睹。

一天，一个朋友来找笛卡尔出去玩。笛卡尔随着这位朋友来到了赌场。笛卡尔面对形形色色的赌徒和各种各样的赌具沉思着，他在研究参加哪一种赌法。忽然，他发现一种与数学有关的赌博。他快步地走过去，先是在旁边看着别人赌了两把，然后他开始参加赌博。与他一起来的朋友学着他的样子来赌。他们每赌必胜。那位朋友高兴地大喊大叫，连连称赞笛卡尔料事如神。笛卡尔也是劲头十足，连连得手。最后他们赢了很多钱，唱着歌回到了住所。

从此，一些纨绔子弟追随着笛卡尔出入赌场，常常使庄家破产。他们赢了钱就去喝酒，常常是大醉而归。

就这样笛卡尔在赌场与酒馆中度过好多日子。

一天，他从赌场出来，独自一人在巴黎市区散步。卢森堡宫、圣徐尔比斯广场、老鸽笼街……巴黎这些古老的建筑使他蓦然间产生了一种苍凉之感，忽然间觉得自己这段时间是虚度了光阴。他暗下决心结束目前这种无聊的生活。

于是笛卡尔在巴黎的郊区找到了一处环境较为清静的房舍，开始了他的数学研究。

这段时间里只有少数几个同学与笛卡尔来往，他们有时来和笛卡尔一起讨论问题。一次他们的话题谈到了数学及其用处，笛卡尔说："我喜欢数学，因为数学的推理确切而且明白，但是我还没有发现它真正的用处。"

一个笛卡尔在拉夫赖公学时的同学说："也许数学的用处仅仅在于推理。"

"不不不，"笛卡尔打断了他的话，"我觉得非常奇怪，数学的基础既然这样稳固，为什么不能在上面建造起更高大的建筑物来呢？"

笛卡尔说的"建筑物"实际上就是把基础数学应用于实践，用于其他学科。

一位年纪稍大一点的学者说："笛卡尔先生你说得更高大的建筑物是否就是指数学的用处？"

笛卡尔连忙说："是的，是这样，先生。"

"数学的基础作用已经够了，况且到目前我们所学到的都是典籍。"那位拉夫赖公学的同学说。

"哈哈，典籍！"笛卡尔大笑起来，"我自幼就受到典籍的教育。在拉夫赖公学，我学习了8年，所学的都是典籍。因为我听信了人们的话，认为靠读书就可以得到一切有益于人生的东西，得到一种明白而且可靠的知识，所以我怀着一种极大的欲望去学习典籍。可是当我全部学完这些课业后，我发现自己有许多的怀疑和困扰，因而我的努力求学并没有得到别的好处，只不过是愈来愈发觉自己的无知。"

"不，笛卡尔。"那位年长一点的学者说，"典籍的学习为你以后的研究和发现奠定了基础。"

笛卡尔默不出声了。

在这样的论争中，笛卡尔的数学研究进展得不太顺利。所谓的数学思想，在他的头脑中只是一些零零碎碎的片断。在当时的条件下，他无法把这些片断充实起来，完善起来，归纳整理出完整的体系。

他觉得主要的原因是自己的经历不够丰富，对自身的研究不够，于是他决定旅行。

1617年笛卡尔开始旅行，他沿途留心观察各种事物，仔细地做好笔记，反复地思考问题。用他自己的话说，就是在世界这本大书里寻找实际知识，实现区分真理和谬误的愿望。

一年后，他回到了巴黎，准备继续进行他的数学研究。可是，当年与他一起赌博喝酒的那些纨绔子弟找到了他，要他重返赌场。

为了摆脱这些俗不可耐的讨厌鬼，并进一步了解社会，他决定去当兵。

故事讲到这里，我们不得不介绍一下当时的社会背景。

从16世纪开始，随着资本主义生活方式在西欧各国封建社会内部的产生与发展，欧洲社会历史进入了一个崭新的时代——资产阶级革命的时代。16世纪末，首先在尼德兰爆发了资产阶级革命。这次革命使荷兰变成了一个"17世纪模范的资本主义国家"，不仅在商业、信贷、国际贸易和殖民政策方面对欧洲各国有所影响，在科学技术和思想上也产生了影响。

1618年爆发了欧洲历史上第一次大规模的国际战争，历史上称为"三十年战争"。它是欧洲国际关系上争夺领土、王位和霸权以及各种政治矛盾和宗教分歧尖锐化的产物。在这次战争中，西欧和北欧的一些主要国家几乎先后都卷了进去。

法国是荷兰的同盟国，22岁的笛卡尔和许多贵族青年一样，带着一个仆人，自费到荷兰从军，当了一名军官。

18个月后，他又加入巴伐利亚的天主教军队。笛卡尔没有参加真正的战斗，整天无所事事。

由于本书开始时讲述的解答数学难题的事，

笛卡尔结识了毕克曼，毕克曼的家与军队的驻扎地很近，使得笛卡尔能够经常与他见面。两个人都有志于科学事业，很快就成了莫逆之交。

毕克曼经常向笛卡尔介绍当时数学的最新发展，笛卡尔则向毕克曼谈论自己在数学研究方面的一些思想。

毕克曼说："亲爱的笛卡尔先生，我对你的数学天赋非常佩服，可是你为什么不把你的研究落到纸上呢？"

见笛卡尔摇头，毕克曼继续说："年轻人，你的有些观点很有见地，可以写一点论文，我可以帮助你。"

于是，在毕克曼的帮助下，笛卡尔开始撰写自己有关数学的论文。在这些论文中用代数来解答几何问题的萌芽开始出现。这为后来笛卡尔在解析几何上的重大贡献奠定了基础。

笛卡尔的论文初步成形后，毕克曼非常高兴，他请笛卡尔来家中喝酒，他们边喝边谈。

毕克曼问笛卡尔："你的这些思想是在什么时候开始有的？"

"准确地说，在拉夫赖公学读书时，我就产生了这一想法，只是还很朦胧，不很清晰。"笛卡尔回答道。

"在拉夫赖公学你都学习了什么课程？"毕克曼边问边喝了一口葡萄酒。

笛卡尔也喝了一小口酒，然后回答道："拉夫赖公学的教学是按照耶稣会学校统一制定的计划进行的。头五年是学习人文学科，包括拉丁文、希腊文和古典作品、音乐、戏剧表演，以及作为一个绅士必不可少的训练：骑术和剑术。第六至第八年的课程总称为哲学。第六年学习亚里士多德的逻辑学和道德哲学，第七年学习物理学、数学和天文学。这些学科讲的几乎都是亚里士多德的东西。"

笛卡尔举起杯与毕克曼撞了一下，然后又继续说："只是在数学和天文学中，偶尔从教师那里了解到当时的一些发展状况。第八年学习形而上学，主要是托马斯、阿奎那的哲学和耶稣会的注释。"

"无论怎么说，你在那里可以说是打下了坚实的基础。这为你以后的哲学和科学研究做了铺垫。"毕克曼说。

笛卡尔望着壁炉上闪出来的火光，用无限怀恋的语气说："我在那里遇到了一个好校长，他叫夏莱神父，可以说他是我的第二个父亲。他给了我许多自由，使我可以看很多我想看的书。"

"这些都是你能够有今天这些思想的基础。"毕克曼笑着说。

　　"毕克曼先生。"笛卡尔动情地说，"是你把一个业已离开科学的心灵，带回到最正确、最美好的路上。"

　　毕克曼哈哈大笑，站起来拍了拍笛卡尔的肩说："年轻人，你会有成就的，你在哲学和数学方面的潜力很大。"

三个梦境的启示

　　冬天到了，夏日里迷人的多瑙河在寒冷的风暴中，显得那样荒芜和孤独。笛卡尔随军驻扎在多瑙河畔的诺伊堡。那是一个没有战事的冬天，士兵整日沉迷在酒和姑娘之中，只有笛卡尔整天沉浸在数学和哲学的问题里。

　　他不满意欧几里得的几何学，认为"它只

能使人在想象力大大疲乏的情况下，去练习理解力"；也不满意当时的代数学，认为它"成为一种充满混杂与晦暗，故意用来阻碍思想的艺术，而不像一门改进思想的科学"。

在一个风雪交加的夜晚，笛卡尔坐在温暖的火炉旁给他的朋友写信。说到几何学和代数学时，他说："我想应当去寻求另外一种包括这两门科学的优点而没有它们的缺点的方法。"

写到这里他停下了笔，陷入了沉思，一个不太清晰但隐隐中有一点思想的影子在脑子里来回地跳动。他努力地想捕捉住这思想的影子。

许久，他遗憾地摇了摇头，顺手拿起古希腊几何学家巴普士的著作《数学汇编》。他一页一页地翻看着，当他翻到第七卷时，那个著名的巴普士问题吸引了他。

"如果从任一点作直线与五条具有给定位

置的直线在各个给定的角度上相交，并且其中三条直线所围之长方体的体积（这里的体积是指三个距离之积——本书作者注）与其余两条直线和一给定直线所围之长方体的体积之比是给定的，则该点将落在给定位置的曲线上。如果有六条直线，并且其中三条所构成的上述立体与其余三条所构成的立体的体积之比是给定的，那么这一点仍将在给定位置的曲线上。"

这就是著名的"巴普士问题"。笛卡尔隐隐约约地觉得这个问题的解决可能与他的某些愿望相一致。

于是，一连几天笛卡尔都在解答这一问题。笛卡尔试图利用分析方法解决这个问题。在解答的过程中，首先要找到使该点落于其上的曲线的几种情况。

他苦思冥想，终于有一天，他找到了使该

点落于其上的曲线的好几种情况。他兴奋异常，让仆人把壁炉的火烧得旺旺的，然后让仆人坐下来。

仆人看他那样高兴，知道主人又有了新的发现，也高兴地坐在壁炉旁，一边看着炉子里的火，一边听着主人激动地讲述他的数学问题。

笛卡尔似乎完全忘记了仆人根本听不懂他的讲述。他在纸上画出了巴普士问题的几何图形，对仆人说："你看这样一连。"他边说边用笔在图上画了一条直线。他用笔在两条相交的曲线和直线处点了一下说："这个点就确定啦！"

他又画了一个图形，又用笔在一条曲线与一条直线的相交处点了一下说："这样就又确定了一个点。"

然后他高兴地在地上跳了一个萨拉邦德舞步。这是当时非常流行的西班牙舞。

仆人也被他的情绪所感染，倒了两杯红葡萄酒，说："先生，喝一杯祝贺祝贺吧！"

　　笛卡尔端过酒杯喝了一口，又拿起了笔画起来。他把几种情况都画在纸上，放在眼前看着，开始冷静下来。

　　笛卡尔脑子里的念头慢慢地清晰起来。然而，传统的经院科学的理论使他陷入了迷惘之中。

　　他离开桌子，上床休息。他感到很疲惫，渐渐地就睡着了。

　　笛卡尔每天要睡10个小时，不这样大脑就不能得到很好的休息。这时，冬日的阳光从窗外射进来，暖暖的，使人有一种慵懒的感觉。仆人也靠在壁炉旁打起了盹儿。

　　屋子里静静的，床、书桌、图纸、尺、圆规都静静地放在那里，像画家笔下的静物构图。炉火静静地燃烧，把火红的亮光射向屋子的中央。天渐渐地黑下来，笛卡尔还在熟睡。仆人伸伸懒腰，悄悄地往炉子里放了几块木头，坐在桌边等着主人醒来用晚餐。

笛卡尔在睡梦中喃喃地说着话，仆人凑近身子也没听清他说的是什么。

此时，笛卡尔正在做梦。他梦见自己一会儿在教堂里，一会儿在学校里。可是不管在哪里，都被风暴驱逐着，他不得不躲避着风暴的袭击。躲来躲去，他躲到了一个风力吹不到的地方。

笛卡尔在床上不停地扭动着身子，嘴里嘟嘟囔囔地说着什么。仆人知道他是在做梦，就喊他："先生，先生！"

笛卡尔从梦中醒来，对梦中的事记得非常清楚，他感到这梦很奇怪。

"先生，您怎么啦？"仆人问。

"我做了一个很奇特的梦，梦见自己被风暴驱赶到一个风力吹不到的地方。"笛卡尔仍然沉浸在梦中。

"好哇，先生，那就是预示着您将来会有一个比较安静的处所，在那里您会平安地享受生活。"仆人讨好地说。

"但愿如此。"

仆人端上饭菜，笛卡尔简单地吃了几口就放下了刀叉，回到卧室又躺在了床上，不久又进入了梦乡。

他站在一座高高的山上，手里拿着一把金光闪闪的"魔钥"。这把"魔钥"是打开自然宝库的钥匙。他拿着这把"魔钥"打开了许多自然科学之门。然后他把这把"魔钥"放在"巴普士问题"的图形上，看到了好几个答案。他高兴得大喊大叫，手舞足蹈。

"先生，先生！"仆人用手摇着他。

他睁开眼睛，"我的'魔钥'呢？"笛卡尔问。

仆人被问得摸不着头脑："先生，什么'魔钥'？"

笛卡尔这才清醒过来。问道："我刚才睡着了吗？"

"是的，先生。"

"噢，那是在梦中，我梦见我有一把'魔钥'，能打开自然宝库的'魔钥'。"

"先生，您梦中的'魔钥'就是提示您画的这些图，能使您的研究成功。"仆人兴高采烈地说。

笛卡尔也很高兴，让仆人给他倒了一杯酒。他端着酒杯，望着炉中的火光和挂在墙上的战刀及军服，他思考着，我将来怎么办呢？是回去当个律师呢？还是继续我的研究呢？我的军服还得穿多久呢？

代数、几何，几何、代数，它们之间有什么关系呢？

法律、科学、哲学，它们之间有什么关系呢？

笛卡尔就在这翻来覆去的思考中睡着了。他又做了一个梦，梦见自己站在茫茫的荒原上，背诵着奥生尼的名诗"我应该沿着哪条人生之路走下去？"

在梦中，笛卡尔一遍又一遍地背诵着这首诗。仆人听见了他的背诵，也不敢再去打扰他。他的声音是那样的焦灼，那样的迫切，充满着希冀和渴望。

天渐渐地亮了。他醒来了，坐在床上回忆着这一夜的三个奇特的梦境，对仆人说："我发现了极为美好的科学基础，领悟到了自己的使命。"

　　许多年后，一些人认为这一天是笛卡尔一生中思想上的一个转折点。他从此初步形成了自己哲学的基本构想，找到了寻求具有确定性的、真正的、知识的钥匙。

海盗船上的学者

　　笛卡尔在所在的军队无所事事。他对荷兰这个地方已经相当熟悉了，开始听得懂荷兰话了，而且还会说一些。

　　这位年轻的水兵借口到天主教的军队里服役，决定动身到德国去。当时，欧洲已经爆发了三十年战争。他去德国，不得不绕道经过哥本哈根、革但斯克、波兰和匈牙利。笛卡尔到了德国以后，就报名加入了马克西米利安·巴伐利斯基公爵的军队。军队实际上是为了保护德国皇帝斐迪南二世的利益而集结起来的，但笛卡尔的目的不同，他想扩大自己在科学界的交往，而做到这一点最好是多和皇宫的人接触。

笛卡尔参加了布拉格附近的白山战役，这是三十年战争的主要战役之一。其后，这位士兵学者和他的仆人一起克服了战争造成的许多困难，终于乘上一艘不大的商船踏上了回国之途。

小船只能沿岸航行。全体船员除了船长和他的副手之外，还有几个水手。他们的职责就是照看两根不高的桅杆上的船帆，擦洗已经破裂的甲板，把船尾的一个不大的客舱分配给旅客。

一天深夜，笛卡尔躺在狭窄的、不通风的客舱里的木板床上，翻来覆去地睡不着，就走到甲板上，凭靠在围绕甲板的栏杆绳上，津津有味地陶醉于北海之夜的魅力之中。皎洁的月亮在黑黝黝的水中显现出闪耀夺目的缕缕波光，光波和着波浪的节拍有节奏地摇晃着，好像是用来呼唤招引着什么面目不明、神秘莫测而又永恒无穷的东西。有时，涌起的波浪喧嚣着撞击在船舷上，无数个闪闪发光的下落的水珠向四处飞射。耽于幻想的航海者突然感觉到一种带有咸味的凉爽。有时，在皓月神秘如梦的光照之下，海面被大海中不知名的栖息者用锋利而有力的鳍突然切断，又过了许久，才逐渐恢复了它动摇不定的沉静。在远处，几乎是在地平线附近，有许多光点忽隐忽现，那可能是航行的巨轮的灯火，也可能是远处听不见的雷鸣的闪光。

笛卡尔坐在斜垂在大帆船船舷上的阴影里，回忆着那忽隐忽现的战争年代，那在可爱的小河边上度过的童年时光，还有那向耶稣会教徒们学习的岁月。

忽然，笛卡尔听到船长的副手和一个黑胡须的、宽肩膀的水手说话的声音。还在他们上船的时候，这个水手脸上捉摸不定的表情就使他感到吃惊。当时，笛卡尔在他故作冷漠的背后，看出他对仆人们小心翼翼地搬到船上的一只沉甸甸的大箱子掩饰不住的贪婪的目光。

此刻，他俩正在用荷兰语嘀咕着。

"你能肯定那个法国人不懂荷兰话吗？"船长的副手问道。

"是的。他们听不懂荷兰话，就像看不清眼下的黑夜一样，"水手回答说，"还在码头上的时候，我故意大声招呼和那个士兵并排站着的细高个儿古德坚，让他留神比他的长剑还长的那人的长鼻子。可是，不管是那个法国人，还是他的仆人，都毫无反应。要是在我们中间这么说，哪个小伙子都得找茬儿打架。"

"可这说明不了任何问题，"船长的副手提出了异议，"不过，"他停了一会儿，接着又说，"也许你还是对的。那对我们就更好了。"

几分钟之后，船长的副手问道：

"你打算什么时候干掉他们？"

"明天傍晚的时候，"黑胡须答道，"得使他们来不及在他们的箱子上上锁。我已经事先告诉古德坚了，我们已经做好了一切准备。"

"船长知道吗？"

"古德坚告诉他了。喂，得这么分。箱子归我，剩下的别人可以分。"

接着是一阵沉默，还是船长的副手打破了沉默："船长怎么说就怎么办。别把自己装进去，黑鬼。以前你想欺骗别人，已经给你安排过一次死刑了。你看着，有了第二次你就用不着再等第三次——你要亲手把你的小命送到地狱去。"

笛卡尔听见黑胡须瓮声瓮气地用鼻哼了一声。不能浪费时间。笛卡尔沿着甲板上最黑最暗的有阴影的地方小心地挪动着步子，好不容易才回到客舱的门口，连忙用门闩把门关好，设法弄醒了仆人。他借助好心人的帮助很快学会的荷兰话对他多么有用啊！他的命运多好，恰好在海盗这么麻痹大意地具体商量他们卑鄙的罪恶的行动计划时，把他推到甲板上来了。对付阴谋的对策制定出来了，他们只有迅速和果断才能保证获得成功。

拂晓时，左舷那边显露出来的弯曲的海岸轮廓入了眼帘。晨风变换了方向，全体船员都被召唤到甲板上的船帆前面。

当船长出现在甲板上的时候，船已经绕过在

海中凸出得很远的沙洲，平稳地驶离了海岸。

突然，客舱的门全都敞开了，两个法国人急速地从里边窜了出来，笛卡尔敏捷地一击，把船长打倒在地。这时他的仆人握着的火枪的枪口已经对准倒在地上的船长的后脑勺。笛卡尔一手举枪，一手持剑，迅如闪电一般地转向其余所有的匪徒，用荷兰话大声喊道：

"不许动，坏蛋们！谁动一动，我们就打穿他的脑袋！"

被弄得措手不及的海盗个个呆若木鸡。原来这个法国人会说荷兰话！哎呀，这是他用长鼻子开的玩笑。

接着是几分钟的战斗。笛卡尔跳到船长台上，命令绞帆，调转方向以左舷顺风航行。船很快就轻轻地停靠在海滨的沙洲上了。笛卡尔命令自己的仆人把东西扔到地上，先从船上跳下去，然后自己也跳了下去。

在火枪瞄准的情况下，海盗们重又张起风帆，离开了海岸，一会儿就走远了。

两个勇敢无畏的人获得了自由。

锻炼自己　体验人生

　　三个奇特的梦境之后，笛卡尔深刻地体会到这正是他整天萦绕在脑际的数学和其他科学问题在梦中的流露。这使他下定决心立志于数学和哲学的研究。他认为这二者之间有着不可分割的联系，而从事这一研究则需要丰富的生活经历。

　　于是笛卡尔决定去各地旅游。他离开了军队

到罗马、威尼斯、佛罗伦萨和洛列图等地参观。

他参观了许多文化圣地。特别是在罗马，他参观了古罗马的一些遗迹后，深深地被伟大的罗马帝国那雄伟的气势所感动，也被那些精致的、恢弘的建筑所吸引。那些建筑包含着许多数学问题。

一天，在古罗马大剧场的废墟上徜徉着一位年轻的学者，他一面走着一面用手抚摸着那一块块大石头，心里惊叹工匠们精湛的手艺和设计师高深的学识。

他仿佛看见恺撒大帝那种威风凛凛的样子，禁不住不停地叨念着："伟大呀，伟大呀！"

一位老人突然站在他的对面："小伙子，你是法国人！"

"是的。"

"我也是法国人，"老人说，"我是战争开

始时到这里的。"

"这里真的是伟大呀！"年轻人赞叹道。

"建筑伟大！人物伟大！历史也伟大！"老人一脸的激动，"我就是被这些伟大的建筑和动人的传说吸引来的。"

"那么您不回法国了吗？"年轻人问。

"不回了，这里有我永远也解答不出的谜。这些谜使我流连忘返，我走不了啦！"老人说得坚决又动情。他又问道："小伙子，你叫什么名字？"

"我叫笛卡尔，是来游览的。"

"好，这里是值得好好游一游。"说着，老人坐在台阶上。

笛卡尔继续往前走着，内心涌起了一股冲动。他暗下决心走自己既定的路，继续数学研究，就像这位老人一样，把自己的命运和事业紧紧地连在一起。

威尼斯是个富庶的地方，笛卡尔在这里看到许许多多的商人。在这个商人云集的地方，笛卡尔觉得非常乏味。然而这里举行的一个大型活动把他吸引住了，那是威尼斯与大海结婚的庆典。隆重的庆典使笛卡尔非常兴奋，他沉浸在一片欢腾的海洋里，到处都能见到欢乐的笑脸，都能感受到亲切、祥和。笛卡尔加入了欢乐的人群，拉着舞伴就跳起舞来。他一边跳一边和大家共同地唱着祝愿歌。

天渐渐地暗了下来，笛卡尔也有些累了。他离开了欢乐的人群，躺在海边的沙滩上聆听从远处传来的欢乐的歌声与近处海浪拍打海岸的水声。他感到非常幸福，生活是那样的美好，世界是那样的美好。为世界探索真理吧！让人们都沐浴在真理的阳光下吧！

　　他仰望着天上的星星，想起在拉夫赖公学时用天文望远镜看天体的情景。他想，每颗星星都是一个地球吗？那么，上帝在哪里呢？也是在一个星球上吗？

　　想到这里，他笑了。笑容未尽又想起了宗教势力对天文科学的攻击，他又陷入了矛盾之中。

　　在意大利游历了许多名胜后，他来到了瑞士。后来他后悔没能去拜访伽利略。他对伽利略的天体理论非常赞同，也对伽利略的遭遇非常同情。在笛卡尔后来的许多学术著作中，都能体现出伽利略的思想来。用他的话说，那是他全部研究的基础。

　　在洛列图，他朝拜了罗莱特圣母大殿。他把这次朝圣看做是履行他当年向圣母许下的誓言。

　　三个梦境之后，他认为是圣母向他提示新的、万能科学的本质，于是他向圣母发下誓言，有一天他要去拜访罗莱特圣母大殿。

他来到大殿，瞻仰着圣母那雍容的面容和慈祥的目光，内心无比地崇敬。他在心里默默地念着：圣母啊，给我揭开那谜团吧！

他非常虔诚地向圣母朝拜着，把这次朝圣看成是他科学研究不可缺少的程序。

从各地游历回来后，他又陷入了巴黎那充满世俗的生活。当然，巴黎也有许多科学、文学学术讨论会。每次在讨论会上，笛卡尔都能发表一些精辟的见解，很快他就成为了各种讨论会的中心，召集者也都邀请他。

笛卡尔在一次次的研讨中，思想逐渐成熟起来。有时他产生一种创作的冲动，想把自己对事物的见解以书面形式陈述出来，可他又觉得不太成熟。

一次，他的朋友梅森来拜访他，他说出了自

己的想法。

他说："梅森先生，我想把自己的一些想法写出来，但又觉得不太成熟。"

梅森说："笛卡尔先生，这个想法非常好，您的许多思想都非常精辟，如果能写出来，对科学的贡献是非常大的。"

"可是，许多思想我还不能完全地成为体系，还很零碎。"笛卡尔认真地说。

"这不是问题，任何科学家都要经过一段时间的研究才行，不可能是一下子就把整个科学体系完成的。"

"那好吧，我接受您的意见。"笛卡尔点了点头说，"我需要一个清静的地方。"

"我来给你找吧！"梅森先生说。

"谢谢您，我的好朋友！"笛卡尔由衷地说。

　　梅森很快为笛卡尔找到了一个非常清静的地方，只有几位朋友知道这里。

　　这是一个靠近市郊的小楼，非常偏僻，很少有人来打扰。笛卡尔在这里把一个时期来他的思想整理了一下。越是觉得思想体系接近成熟时，他越感到与宗教的冲突越大。他非常担心自己的命运，因为他知道宗教势力的强大。

　　一天，梅森来看他，他说："我离目标越来越接近了。"

　　"祝贺您，我的朋友。"梅森也非常高兴。

　　"可是，带有宗教偏见和世俗的专制政体的法国对于这一目标来说并不适宜。"笛卡尔担心地说。

　　"可以到别的国家去。"梅森先生提议道。

　　"去哪个国家呢?"

　　"这个，我得想一想。"

笛卡尔又想起了可爱而好客的荷兰，连和海盗的小冲突也抹杀不了他对荷兰的美好回忆。

于是，笛卡尔征求梅森的意见："去荷兰如何？"

"当然可以，可是我想知道您为什么非要去这个国家呢？"梅森问道。

"在那个国家，我可以享受充分的自由，可以毫无危险地安然入睡。"笛卡尔说。

"噢，噢。"梅森点着头。

"而在其他任何地方都做不到这一点。"笛卡尔补充道。

于是，笛卡尔搬到了荷兰多德雷赫特的一个老朋友那里。

过了不久，他从多德雷赫特又移居到弗拉涅克尔，他在阿姆斯特丹、莱顿、代文特、乌得勒支、格尔德尔等地方都居住过。

在荷兰勒内·笛卡尔写完了自己的《几何》。这一著作篇幅不长，但堪称为几何著作的珍宝。

　　用笛卡尔的话来说，他是大厚本的拙劣著作的反对者。他说过，后人将不仅不因为他所写的东西而对他表示感谢，而且还将因为他没有写的东西，从而使他们有可能有兴趣独自地利用他开始的那些构思去思考而对他表示感谢。当然这是笛卡尔谦虚的说法，但同时也看出这位学者对科学研究领域的不懈努力和希冀。

丧女的悲伤

　　这段日子，笛卡尔非常悲痛，他的眼前不断地出现女儿弗朗西娜天真活泼的样子。从小弗朗西娜的身上，笛卡尔看到了自己童年的影子。她也是那样善于思考，对什么事情总是刨根问底，眨巴着天真的小眼睛，好像总是在思考着什么。

　　有一次，笛卡尔与朋友交谈的时候，小弗朗

西娜偷偷地听着他们的谈话。等笛卡尔送走了朋友，一回头发现女儿正用天真的目光看着他，笛卡尔把女儿抱在怀里。

"爸爸，我听到了你们的谈话。"小弗朗西娜一边说着，一边用小手摸着爸爸的胡子。

"亲爱的女儿，你听到了什么？"

"爸爸，您真有学问。那位叔叔问了您那么多问题，您都能回答上来。"小弗朗西娜敬佩地说。

"孩子，你快点长，好好地学习。等像爸爸这么大的时候就会比爸爸还有学问。"笛卡尔用手抚摸着女儿金黄色的头发。

"可是，我现在就想问您一个问题。"小弗朗西娜认真地说。

"好吧，女儿，你问吧！"笛卡尔坐在椅子上，把女儿放在腿上。

小弗朗西娜扬起小脸看着爸爸说："就是您刚才跟叔叔说的'我思故我在'是什么意思？"

"噢。这是一个哲学的原理，而且是哲学的第一原理。"笛卡尔望着女儿疑惑的目光，继续说，"凡是有点可疑的事物，都绝对把它当做虚伪的东西扔弃，然后察看是否有完全无可置疑的事物留在我们的信念中。"

笛卡尔说到这里又加了一句："孩子，一定要记住，做学问要绝对真实，不能有一点可疑的东西存在。"

小弗朗西娜点了点头。笛卡尔笑了笑，又接着说："感觉有时会欺骗我们，所以不可全信，就连推理也免不了会发生谬误。一切思想有时会就这样出现在梦中，因而，我们可以确信所有潜入精神中的一切事物，跟我们梦中的幻影一样，全是不真实的。于是我们认为一切全是虚假时，而这样思考的我，却必然是某种存在。因此，我思故我在。"

小弗朗西娜仍然皱着眉头。笛卡尔望着女儿思考的样子非常开心地笑了："女儿，简单地说，就是我即使怀疑一切，自我的存在却是不容怀疑的。懂吗？"

小弗朗西娜仍然没有放开紧锁着的眉头，似懂非懂地点点头。

"孩子，你还小，等长大了爸爸再告诉你。"笛卡尔哈哈笑着，把女儿放在了地上。

此时，笛卡尔正坐在当时坐过的椅子上，可是女儿却永远地走了。他痛苦地用手拍打着头部。这时，妻子海伦走了进来。她擦了擦眼里的泪水，站在笛卡尔的身旁，用手护着他的头。

笛卡尔停住了手，慢慢地抬起头，望着美丽的妻子痛苦地问："海伦，她，我们的小弗朗西娜真的死了吗？"

"是的，我亲爱的，上帝把她带回去了。"海伦泣不成声。

"可是，她才5岁呀！"笛卡尔再也忍不住眼中的泪水了。

海伦扑在笛卡尔的身上大声地哭了起来。

黑夜降临了，海伦慢慢地站起身子，擦去脸上的泪痕，转身要走出去。

笛卡尔深情地说："海伦，等一会儿吧，坐下来，我们说会儿话。"

海伦坐在笛卡尔旁边的椅子上，用敬仰的目光看着她深爱着的这个男人。

"海伦，我们在一起生活多少年啦？"笛卡尔问。

"大概有七八年了。"

"哎，有七八年了！"笛卡尔重复了一句。

两个人都陷入了回忆。

那是笛卡尔来荷兰定居的头几年，他请了这位荷兰女仆。在共同的生活中，他们产生了感情。

1635年海伦为笛卡尔生了一个女儿，就是小弗朗西娜。笛卡尔非常高兴，握着海伦的手说："谢谢你，海伦，谢谢你。"

海伦躺在床上激动得热泪盈眶："先生，不要这样说，是我应该谢谢您。"

笛卡尔意外地问："怎么能这么说呢？"

"我出身低微，本是您的仆人。可您从没看不起我，反而待我这样好。"

"不，我第一次见到你的时候，你还是个漂亮的姑娘。现在却为我生了女儿，我真应该谢谢你。"

他们带着女儿在荷兰这块平静的土地上生活

了5年，最后来到了这个叫做尚特波尔的小镇。没想到在这里失去了女儿。

他们从回忆中回到了现实。笛卡尔长长地叹了一口气，伸手摸了摸海伦眼角的皱纹说："海伦，这些年你随我颠沛流离，吃了不少苦，现在已经老了。"

海伦温顺地靠在笛卡尔的身上，把头放在他的胸前。

"海伦，我所从事的研究是与教会相对立的。尽管我是天主教徒，可是我必须相信科学。天主教神学与科学水火不相容。"笛卡尔忧虑地说，"我担心有一天我也会像伽利略一样受到宗教裁判所的严厉处分。如果'地球是动的'是错误的话，那么我的哲学的全部基础也都是错误的，因为这些基础显然都是由它证明的，而且它和我的论文是紧密相连的，去掉它其余部分将不成体系了。"

"也许天主教也有道理，"海伦嚅嚅地说，"不是说几十丈以上的上空就是上帝所在的天堂吗？地球如围绕太阳这么一转动，不是转得天翻地覆吗？天堂、地狱哪里去了？上帝又到哪里去了？"

"海伦，我知道这确实是个问题。可是我在拉夫赖公学读书时，用伽利略发明的天文望远镜看过天体。我们学校还因此举行了狂热的庆祝活动。那次活动给我留下了深刻的印象，它因此影响到我今天的研究。"

"您通过望远镜看到了什么？"海伦问。

"我看到月球并不像肉眼所看见的那么平坦，而是凹凸不平的山岭河谷，同时也看见木星的卫星、太阳的黑子，以及很多很多从来没有看见过的天体。"笛卡尔慢慢地说，"我以此为基础进行我的科学研究，可是这与宗教是对立的，我担心有一天你也会受我连累。"

海伦更紧地靠在笛卡尔的胸上："先生，我不怕，可是，您要小心一点才好。"

"是的，海伦。"

在以后的几天里，海伦总是小心翼翼地工作，有时愣愣地一站老大半天，而且总是一副郁郁寡欢的样子。

笛卡尔以为是因为女儿的去世使她这样。

一天晚上，他们躺在床上。笛卡尔搂着海伦说："女儿已经死了，不要过度悲伤吧！"

"是的，我知道。"

"可是你近来情绪低落，人也瘦了很多。"笛卡尔说。

"我只是……"海伦欲言又止。

"我……先生，我想问您一件事。"海伦终

于说。

"问吧，什么事。"笛卡尔很亲切地拍了拍海伦。

"您想回法国是吗？"

"是的，我想回去看一看。"

"您想把我丢在荷兰吗？"

"我还会回来。"

"不，你不会回来。我知道，你最终一定会回到祖国的。"

"不，亲爱的，我需要一个安定的生活环境，自由的国度，来完成我的研究。"

"可是，这里不是您的祖国。"海伦的眼里流出了泪水。

"难道还有别的哪个国家，在那里，你能享受这么完全的自由，你能睡得更安稳吗？"笛卡尔俯身看着海伦，"唯有荷兰！道德败坏、背信弃义和诬蔑中伤在这里是这样少见，我们祖先淳朴的遗风是这么浓烈！"

就这样，笛卡尔回到法国作了短暂的停留后又回到了荷兰。

追求真理　躲避迫害

　　17世纪初，欧洲虽然仍处在极权主义的封建统治之下，经院哲学仍控制着哲学思想，但自然科学已初步挣脱了宗教的桎梏，逐渐走上了发展的道路。构造比较简单的机器已不断地被创造出来，并且在使用方面逐渐得到了推广。伽利略于1611年制成了天文望远镜，初次看到了以前用肉眼看不见的许多天体星象，进一步证实了哥白尼的太阳中心说；刻卜勒发现了行星运动的三个定律；哈维创造了血液循环理论，把医学、解剖学和生理学大大推进一步。而笛卡尔的朋友中也多是科学家，比如毕克曼、麦尔赛纳都是著名的物理学家、数学家，惠更斯是数学家、物理学家、天文学家。

笛卡尔自己则研究过物理学、光学、天文学、机械学、医学、解剖学等，从1629年到1633年，他总结了这些年来他自己在自然科学研究领域的成果，开始撰写《论世界》（包括《论光》和《论人》）。在这本书里他打算一步步地解释自然界的一切现象，比如行星的形成、重量、潮汐、人体等。伽利略的遭遇使笛卡尔最终没敢发表《论世界》。此书直到他死后27年才出版。1648年他又写了关于人体的书，他仍然不敢发表，直到1664年才由他的朋友克莱尔色列以《论胎儿的形成》的书名出版。

《论人》和《论胎儿的形成》都是关于生理学的书。在这两本书里，他把人体完全看成是机器，人的五脏六腑就同钟表里的齿轮和发条一样，拨上弦它就能动，而血液循环就是动力。外界所引起的感觉由神经传到大脑，在松果体（位于间脑后）里告知"动物精气"（也称"动物灵魂"），由动物精气发布对付的命令。

笛卡尔时代是奥古斯丁的经院哲学占学术统治地位的时代。奥古斯丁哲学虽然反对亚里士多德哲学，因而也与阿奎那的哲学对立，但无论如何，天主教神学毕竟是与科学水火不相容的。

因此，以自然科学为基础的笛卡尔的哲学是不能被天主教会所接受的。

其实，从笛卡尔的内心来说，他并不愿与教

会对抗。当传来伽利略在意大利受教会迫害的消息的时候，他的以哥白尼学说为基础的《论宇宙或光》正要付印。这件事深深刺伤了他：原来自己心目中至高无上的教皇一下子变成了蠢驴。他企图证明哥白尼和教皇都正确，但徒劳无功。他既不愿放弃自己的学说，又不愿得罪教皇而遭受迫害，只好放弃出版，并表示生前再不出版任何东西。

那一段时间里，他非常痛苦，把自己关在屋子里不出来。麦尔塞纳和其他一些朋友知道这一消息对笛卡尔意味着什么，所以他们多次去看望他、安慰他、鼓励他。

麦尔赛纳说："笛卡尔先生，我亲爱的朋友，您应该振作起来，应该继续您的研究。"

"是的，我的朋友，我的追求不会因此停止，但是不想再发表任何成果。"笛卡尔情绪非常低落。

"我认为没有必要。再说，你的研究成果不发表出去，真是科学发展史上的重大遗憾！"麦尔赛纳企图说服笛卡尔。

"可是伽利略就是榜样。"笛卡尔一字一句地说。

"那是在意大利，你是在荷兰。"麦尔赛纳说。

"都一样，宗教的势力遍布整个欧洲。"

"可是你的研究并没有直接冒犯宗教。"麦尔赛纳说。

笛卡尔不语了。这一句话倒是打动了他："那么，好吧，可不能署我的真名。"

就这样，笛卡尔为了躲避迫害先后迁居了24次，换过13个城市。只与麦尔赛纳等少数朋友联系，来往的书信也都由麦尔赛纳转寄。

在这样的条件下，笛卡尔于1635年开始写《折光学》、《大气现象》和《几何学》，于1636年12月写完，由于出版商的催促，匆忙地写了一个序言，几经斟酌，把那些会引起教会反感的话删去，一些不得不有的文字改得隐讳一点，这书定名为《谈为了很好地引导其理性并在科学中探索真理的方法，外加折光学、大气现象和几何学，它们是这个方法的实验》。这就是哲学史上著名的《科学中正确运用理性和追求真理的方法论》（简称《方法论》）。

　　其实这是笛卡尔把《论宇宙或光》的主体部分整理成的三篇论文——数学史上划时代的著作：《几何学》、《屈光学》和《气象学》。

　　1637年6月8日，《方法论》在莱顿匿名出版。笛卡尔没有索取任何报酬。同时，为便于普通人阅读并加以评判，他破除学术界用拉丁文的旧习，改用法文，采用自述体，朴实无华，通俗易懂。因而不仅是重要的哲学著作，也是法国文学史上杰出的散文作品。

《方法论》提倡科学和理性，反对经院哲学。他说，经院哲学只能提供沽名钓誉的材料。懂得经院哲学的人，往往比不懂哲学的人更缺少理性。

在书中，他反对等级观念，认为正确作判断和辨别真假的能力"是人人天然地均等的"。之所以有差别，是由于思想方法不同。因此必须探寻正确的思想方法，创立为实践服务的哲学，"才能成为自然的主人和统治者"。他认为数学是其他一切科学的理想和模范。他总结了卓越的自然科学家的研究方法，加以哲学上的概括和论证，提出了以数学方法为核心的演绎法。

笛卡尔认为，既存在着以"广延"为其属

性的独立的"物质实体",又存在着以"思维"为其属性的"精神实体",它们都是"有限实体",从而使他自己成为二元论的代表人物。他不否认上帝的存在,并且认为上帝作为"无限实体",是"有限实体"的创造者和终极原因。不过,他又认为上帝一旦创造了宇宙,便不再进行干预,而任天下万物按一定的自然规律运动。

笛卡尔在他的著作中尽可能地避免与教会发生冲突。1639年他用拉丁文写了他的一本主要的哲学著作《第一哲学沉思集,其中论证上帝的存在和灵魂的不灭》,但书中没有讲到灵魂不灭,只谈到灵魂与肉体是有分别的。麦尔赛纳劝他把书名改一改,笛卡尔没有同意,认为这个提法会引起巴黎神学院的重视,直到1642年再版时才把"灵魂不灭"改为"灵魂与肉体的区分"。书成后,他先后接到哲学家们和神学家们六组反驳意见，笛卡尔都一一做了答辩。

尽管笛卡尔小心翼翼地发表着作品，并且一再声明自己承认上帝的存在，但是宗教势力仍然没能容忍他。

1641年12月，乌得勒支大学校长指控他是无神论者，1643年，乌得勒支市议会下令拘捕他。他不得不经常迁居，躲避迫害。

伟大的数学贡献

笛卡尔曾说："我从小为了科学而受教育，因为人们使我确信，科学能给生活中一切有价值的东西以明确可靠的认识，所以我把少有的热情用在学习上。但是，当我学完通常把培养学者作为其目的的全部教材时，我的观点完全变了。我这才知道自己处于这种疑惑和错误的混乱之中。从我学习的渴望中，我只得到了一个好处——越发学会揭穿自己无知的老底。世界上如果有什么地方有博学之士的话，这样的人就正应该出现在欧洲。"

他还说过："我学会了别人所学到的一切，但我不满足于此。凡是能搞到手的，内容被认为是最有趣、最科学的书，我都读了。"

不满足于神学和哲学的笛卡尔转向了数学，他痛心地确认，在这个创造物的花岗岩的基础上，没有筑成比把数学应用于力学再高的任何建筑。长期的思索结出了果实，一个建筑的轮廓开始逐渐地显示出来。那么，笛卡尔到底发明了什么呢？

我们把解析几何称作是一项伟大的发明。恩格斯把解析几何（笛卡尔变量）的发明称为数学领域的一个转折点。他写道，由于这一发明，辩证法和运动进入了数学领域，而这立即引起无穷小概念的发展。英国的大科学家牛顿和德国的大哲学家莱布尼茨通常被认为是无穷小运算的创始人。恩格斯强调指出，笛卡尔的发明应当看做是首创，而牛顿和莱布尼茨只是更加完善，而不是发明了这种运算。

笛卡尔的基本思想在于要用代数来解决几何问题。代数与数、方程有关，几何与点、线、面有关。把二者结合起来，这就意味着要找到一种设法把几何方法和代数方法互相比拟的方法，以便在完成某种形式的、按照确定的法则进行的代数运算时，对这些运算的结果作几何上的解释。

数和图形的概念是数学的基本概念。每一个图形都可以用确定的参变量——长度、面积、体积来描述。可是，如果两个图形的参变量相同，仅靠参变量并不能把两个图形确切地区别开来，需要借助数字同时确定图形在空间中的位置。这可以利用坐标法（在解析几何中，我们使用象限这样一些术语）来做。掌握坐标法，这意味着用这种表示法把代数形式的方法和直观的几何方法合为一体。这种方法的掌握是长期的、严格训练的结果。

　　每一个几何图形都是点的集合。为了利用数学确定图形在空间的位置，必须先利用数学确定点的位置。确定点位于线上、面上，或者三维空间，应以取适当个数为依据：一个数、点在线上；两个数、点在面上；三个数、点在空间。这样，点和数的集合相互之间建立了一一对应的关系。这种对应是坐标法的基础，被称为坐标系。以我们在何处取点，也就是从我们所建立的对应为依据，我们就能有某一种坐标系。

　　笛卡尔让代数为几何服务（而且不仅是几何，还有物理、化学、生物、地理等等），对于那以后被认为是财富的许多思想，笛卡尔比别人更有预见性。

大家知道，研究了人类思维的规律，特别是算术运算的规律，我们就得到这些规律的模型，并且去寻求依靠机器完成这些运算的可能性。对于机器来说，完全不同的是，只有一种信息拥有进入机器的控制范围这种形式逻辑的性质，人们才能把这种信息输入机器。机器按照人们"教"它的规则处理任何一种这类的信息，并产生出现成的结果，至于对这个结果如何解释。就全靠输入信息的人了。

在我们所研究的情况中，代数就起这种数学机器的作用。对于代数来说，任何对象无论具有什么样的具体意义，如几何的、物理的或者别的什么意义，完全都一样。既然它们拥有属于代数范围的性质，就能像所有其他具有这种性质的对象一样，用代数来处理。

　　总的来说，数学是认识客观现实的一种形式。数学的特殊性在于其真理的抽象性质（而且这种抽象的程度较之其他学科高得多），以及对外界现象的独特的、从空间和数量角度进行的解释。

　　代数是数学的一个抽象性表现得突出的部分。几何的对象始终还是比较具体的，这就是现实世界的空间形式。用这种形式思维是人类思维不可缺少的一种特性，因此，从原则上说，数学没有几何是不行的。但是，作为一个研究具体对象的数学领域，几何不可避免地要受到完全摆脱了这种具体的领域的影响，这个领域就是代数。

　　现在，不管什么样的知识领域，其中不以某一种形式接触到解析几何的概念，那是难以想象的。

　　体温表里的曲线就有解析几何。其中时间沿着横坐标轴移动，体温沿着纵坐标轴移动。看这条体温曲线，每一位医生马上就能对病情变化形成一个清楚的概念，至少在病症的某个方面是这样。

领航员在地图上开辟的航线，同样也有解析几何。把地球表面预先绘制到平面上，由此就得到地图。地图上的每一个点的坐标都是地球表面上相应的点的地理坐标（纬度和经度）的函数，可以把函数看成和这些坐标是一样的。每一条航线都是一条曲线。曲线将根据领航员的目的成为某种形式的曲线。如果目的是指挥一艘船沿着地球表面上的一条最短航线航行，就会得到一条曲线。如果让船按照同一个角度（这会使舵手的任务简化，掌舵时，可以把方向始终定在指南针的同一刻度上）横穿所有的经线，就会得到一条所谓的斜航曲线。这一斜航曲线在不同的地图上看法不同，领航员得知道如何在地图所附的坐标中识别斜航曲线的方程式。知道了方程式，他就能计算出曲线所要通过的点的坐标，从而画出船将要通过的那些位置，知道了方程式，他就能知道船按照上述的航线航行时，抵达地球表面指定的地点所需要的时间，等等。

宇宙飞船是沿着万有引力定律所确定的轨道飞行的。如果所说的是单独一个飞船和它所围绕飞行的一颗行星，那么，轨道就是二次曲线的一种。这样的轨道在和地球、太阳或各"恒星"有联系的随便一种坐标系中，都有一个确定的方程式。解析几何提供了找到这个方程式的工具，从而指出每一瞬间飞船的位置的可能性。

由此，可以看出笛卡尔发明的解析几何在现代社会中是多么重要！

与伊丽莎白公主的友谊

一天，一个朋友来找笛卡尔，说要带他去见一个人。

笛卡尔见到一个年轻高贵的女子。这就是流亡在荷兰的波希米亚国王腓烈特五世的女儿伊丽莎白公主。

伊丽莎白公主说："笛卡尔先生，我拜读过您的大作，我非常敬佩您的学识。"

笛卡尔被这个年轻、聪明的女子吸引住了。

他说："公主，您是那样聪明，能认识您我非常高兴。"

"那么，您愿意收我做您的学生吗？"

"当然愿意。不过，希望我们能成为朋友，而不是师生。"笛卡尔说。

此后，笛卡尔花了不少时间教伊丽莎白公主，但大部分时间他还是在沉思和写作。

充满深情的友谊在他们之间发展起来了。当笛卡尔不得不迁居以后，他们见面的机会就较少了，但是书信来往非常频繁。信件的内容涉及许多领域，从几何学到政治学，从医学到形而上学，尤其关心肉体与灵魂的相互关系问题。

1642年，笛卡尔开始用他未出版的《论世界》的内容写了一本哲学大全，献给伊丽莎白公主，书名为《哲学原理》。

《哲学原理》本来打算包括六个部分：《知识原理》（即形而上学原理）、《物理性的东西的原理》（即物理学原理）、《天》、《地》、《植物和动物》、《人》，最后只写了前四个部分，后两个部分因缺乏材料没有写成。

　　笛卡尔在本书中把人类全部知识比做一棵树，树根是形而上学，树干是物理学，树枝是分门别类的各种科学。

　　《哲学原理》1644年正式出版，其中一半以上的篇幅是阐述他在物理学和生理学方面的发现。它以教科书的形式写成，为的是能把它带进课堂。但是加尔文教派在仇视科学方面并不亚于天主教会。他们敦促乌得勒支法院禁止传播笛卡尔的新思想。

　　笛卡尔和他的朋友们，特别是笛卡尔主义的拥护者们与其进行了尖锐的斗争。法院无奈，为了顾全大家的面子，作出决定：既不准在大学讲授笛卡尔哲学，也不准写文章反对笛卡尔。

伊丽莎白公主对笛卡尔的学识非常敬佩。一次，她对笛卡尔说："您是一位知识渊博的伟大学者。"

笛卡尔说："我努力求学没有得到别的好处，只不过是愈学愈发现自己的无知。"

伊丽莎白公主笑着说："您学问那样广博，竟然感叹自己无知，岂不是大笑话？"

笛卡尔说："哲学家芝诺不是解释过吗？他曾画了一个圆圈，圆圈内是已掌握的知识，圆圈外是浩瀚无边的未知世界。知识越多，圆圈越大，圆周自然也越长，因此未知部分当然就显得更多了。"

伊丽莎白公主听了连连点头称是："对，对。您的解释真是绝妙！"

笛卡尔在1643年6月28日致伊丽莎白的信中讲到："我认为，一个人有必要在一生中，对形而上学的原则做一次很好地理解。因为正是从这些原则，我认识了上帝和我们的灵魂。我还认为，经常在理智中思考它们是有害的，因为它很少能够在想象和感官中找到空闲。"

他又写道："最好是满足于把曾经得出的结论永远保留在记忆和信仰中，把人生的剩余研究时间用于沉思，使理智与想象和感官合作起来。"

他们见面的时候，也谈一些家世的话题。一次笛卡尔向伊丽莎白讲起自己的士兵生活。

"那真是一段难忘的日子。"笛卡尔叹息道。

"您参加过什么战役吗？"伊丽莎白问。

"我在巴伐利亚的军队服役时，有过一次战

斗。"笛卡尔回忆道。

"在什么地方？"

"在布拉格附近的白山，噢，是和您父亲作战。"笛卡尔感到有点歉意。

"正是这个战役使我父亲丢了王位。"伊丽莎白伤感地说。

"也正是在这个时期，我的一些思想开始形成。"笛卡尔的声音小了起来。

"是吗？那我们岂不是有缘？"公主毫不介意。

笛卡尔觉得与这个女子在一起非常快乐。她是那样热情，那样勤奋好学，而且懂得在交谈时如何尊重对方。

然而，闲言碎语也多了起来。有人说，笛卡尔和伊丽莎白公主是以实践和理论的方式来处理肉体和灵魂相互关系问题的。这使笛卡尔很不安。

于是他给公主的信少了。

一天，伊丽莎白公主来拜访他。公主一见面就说："先生，您最近一定是太忙了。"

"怎么？"

"你给我的信少了，信的内容也少了。"伊丽莎白公主笑着说。

"不是的，请您不要多心，我实在是……"笛卡尔不知如何解释。

"先生，您不要为难，我知道真正的原因。"伊丽莎白公主坐在笛卡尔指给她的座位上。

"伊丽莎白公主，这实在有损您的声誉。"笛卡尔说。

"笛卡尔先生，我崇敬您，这不妨碍别人，"伊丽莎白公主笑着说，"况且一个逃难的公主的声誉也不是很重要。"

公主说完笑了起来。笛卡尔无话可说了。

"您还是讲一讲您在军队时的事吧！"伊丽莎白想使气氛活跃起来。笛卡尔看出了伊丽莎白的努力，他的心里也更加敬佩起这个女子来。于是，他说："好吧，我给您讲一讲我在海盗船上的事。"

　　伊丽莎白公主非常高兴。当笛卡尔讲到他把船长打倒在地时，伊丽莎白公主说："真想象不出您这位学者在当时会是什么样子。"

　　笛卡尔笑了："一定是英勇无惧啦！"

　　他们都笑了。

　　笛卡尔与伊丽莎白公主的友谊就这样发展下去。他们在一起时常常是非常兴奋的，他们之间的通信也有很高的学术价值。笛卡尔有时也从这些通信里发现些什么，以便更顺利地开展自己的研究工作。

女王的邀请

　　由于笛卡尔在数学、哲学及其他科学方面的
不懈努力，到1649年时，他成了世界名人。欧洲
所有国家的人都争相阅读他的论文，许多人对他
的数学和哲学表现了极大的兴趣。瑞典女王克利
斯蒂娜就是他的崇拜者。

　　这位女王以开明君主自居，想使她的宫廷

成为艺术的庇护所和科技精英的荟萃之处。她从1647年开始，通过法国大使得到了笛卡尔的著作。在读过之后，就写信给笛卡尔。她收到了笛卡尔《论心灵的情感》的手稿后，连续几次发出邀请信，表示渴望会见"杰出的笛卡尔先生"。

开始的几封邀请信都被笛卡尔谢绝了。后来女王又派了一艘军舰来迎接他。

那一天笛卡尔正在书房写作。家人进来告诉他，瑞典女王的特使要求见他。他在客厅里会见了女王的特使。

特使说："尊敬的笛卡尔先生，女王陛下非常敬佩您。陛下希望您能接受她的邀请，去担任她的哲学教师。"

"特使先生，请转告尊敬的女王陛下，我正在进行一项研究，所以我目前不能接受她的邀请，非常抱歉。"

　　"可是，笛卡尔先生，这是为什么呢？您在瑞典仍然可以继续您的研究，况且有女王的支持，您的研究会更加顺利。"特使一再恳求。

　　"不。我不想离开荷兰，这是一个和平的国家。"笛卡尔决心已下。

　　"瑞典也是一个和平的国家呀！女王又是那样地敬重您的学识。"特使想说服笛卡尔。

　　笛卡尔不得不说出真正的原因："我生于图兰的花园中，已经习惯这种环境和气候，不愿去那岩石和冰雪中野兽出没之地。"

　　特使无可奈何地耸耸肩，说："没有办法，我只好有辱女王的使命了。"

　　笛卡尔也感到非常的歉意，他说："可以请女王读一读我的书。"

　　特使只好回瑞典了。但是，女王仍没死心，还是来信邀请笛卡尔。

这时，荷兰国内掀起了一股反对笛卡尔的潮流，特别是宗教势力对笛卡尔的威胁很大。于是，笛卡尔和几个朋友正式商量去瑞典的事。

朋友们都赞成他去瑞典。他们说，在那里笛卡尔可以很安全、很平静地进行他的研究，而且可以借助女王的帮助宣传他的学说。

只有他的女友担心他会不适应那里的气候和工作。

笛卡尔分析了他自己所处的环境后下定决心去瑞典。

1649年10月笛卡尔到达了瑞典的首都斯德哥尔摩。23岁的女王克利斯蒂娜为他举行了盛大的欢迎仪式。

士兵们列队站立在两侧。笛卡尔从船上一下来，就见到了那位他曾见过的特使，特使引着他来到女王的宫殿。女王拉着笛卡尔的手，称他为

"杰出的笛卡尔先生"。文武百官都参加了欢迎仪式。

笛卡尔对女王的热情留下了很深的印象。

笛卡尔在斯德哥尔摩的工作之一是拟定瑞典科学院的章程。但是，按照女王的意愿，他的主要工作是给女王本人按时地上哲学课。

笛卡尔原以为会遇到一位在科学和哲学研究上的知音，可是在与女王的进一步接触中，他感到很扫兴，因为女王对古典作品的研究缺乏热情，对哲学也知之甚少。而且，女王也不是很关心自己的学业。她要笛卡尔遵守宫中的一些规矩。这使笛卡尔很不习惯。

一次，女王要笛卡尔写诗歌，笛卡尔很不情愿。尽管笛卡尔在文学上的造诣也很深，但他对文学的兴趣并不是很大，更何况要写的是歌功颂德之类的诗歌，与他严谨的科学态度相差太远。

那是一次上完课后，女王说："笛卡尔先生，我想请您给我写一些诗歌，由乐师们谱上曲子来演唱。"

笛卡尔说："陛下，您知道我对写诗之类一向没有研究，请您考虑别的人选吧！"

"不，别人我不信任。您是我尊敬的老师，所以我要您写。"女王笑容可掬。

"可是，我……"笛卡尔还没说完，女王就抢过话题："先生，您就不要推脱了。"说完她就走了。

笛卡尔只好不情愿地写了几首诗献给女王。

从童年开始，笛卡尔就养成了每天早晨在床上呆很长时间，专心思考数学、物理学和哲学问题的习惯。早晨的这段时间所形成的思想，再利用其他时间整理和记载下来。笛卡尔的许多思想就是这样得来的。

可是，笛卡尔的这一习惯被迫改变了。他需要像不停歇的女工那样，大清早起床，5点就开始给女王上课了。

由于生活习惯的打破，加之一些事务性工作的应酬，笛卡尔非常不适应这样的生活。他的饮食也非常不正常，瑞典籍的女仆对他的饮食结构一点都不了解，致使他营养不良，身体越来越不好。

斯德哥尔摩的冬天非常寒冷。一向在火炉旁坐惯了的笛卡尔，每天一大早都必须乘坐冰冷的带篷马车去王宫。

每当他乘坐在马车里的时候，他都盼望着快一点到达王宫。可是这是一段不短的路，他要在马车里冻好长一段时间。他在给法国朋友的信中写道："在这样严酷的天气里，一切都冻结了，人的思想在冬季都结冰了。"

他抱怨这种生活。他在信中怀着痛苦的心情幽默地说："如果你想成为一个好的数学家，同时又想保持健康，那就应该只是在你想起床的时候再起床。可是我现在做不到了。"

　　一天早晨，笛卡尔上马车时，突然剧烈地咳嗽起来。仆人连忙把他扶住，说："先生，今天就不要去了。"

　　笛卡尔知道女王的脾气。他向仆人摆了摆手，上了马车。

　　笛卡尔终于病倒了。他身边一位最亲近的朋友来看他。

　　"笛卡尔先生，您要注意身体。今年的冬天非常冷，连当地的居民都说从未见过如此冷的冬天。何况，您不到清晨4点就得哆哆嗦嗦地起床，爬进冰冷的马车。"这位朋友握着笛卡尔的手说。

"我的朋友，我渴望回到荷兰去，这里的生活不适合我。"笛卡尔说。

医生来给笛卡尔诊病。这是一个对笛卡尔主义抱有成见的医生。他草草地给笛卡尔检查了一下，然后说："感染了风寒。"

他在给笛卡尔拿药的时候，带着讽刺的口吻说："等您病好后，我想跟您探讨探讨灵魂与肉体的关系问题。"

笛卡尔给荷兰当初劝他来瑞典的一位朋友写信道：

"宫廷中窒息的气氛和被奴役的地位使我的希望破灭了。我渴望回到荷兰，再过我以前的生活。""我只希望宁静和休息，宁静和休息就是幸福。"

然而，他终于回不了荷兰了。他的病情越来越严重，由风寒转为肺炎。

　　一天，他感到自己的日子不多了，便要求做了一次圣事。圣事后就与世长辞了。一个伟大的学者就这样死去了。

　　这一天是1650年2月11日，笛卡尔还有3周就满54周岁了。

历史不会忘记

　　笛卡尔去世后，由于他是天主教徒，在信仰新教的瑞典，他被埋葬在为未受过洗礼的人而准备的公墓里。

　　笛卡尔一生没担任过任何公职，没参加过大的活动，也不太喜欢社交。他的著作全集不过12卷。对于一位伟大的作家来说，似乎显得少了一点。但是，不能完全根据著作的数量来评价这位思想家。

笛卡尔把大量的时间花在旅行、沉思和科学研究上。他的每一部著作的质量在当时都是第一流的。

笛卡尔酷爱数学。他钻到数学内层，又登高环顾，发现了将算术、几何、代数囊括在内的更为普遍的数学哲理。他认为科学的本质是数学，因此他说："所有那些目的在于研究顺序和度量的科学，都和数学有关。关于所求的度量是关于数的呢，形的呢，星体的呢，声的呢，还是其他的东西呢，都是无关紧要的。因此，应该有一门普遍的科学，去解释所有我们能够知道的顺序和度量，而不考虑它们在个别科学中的应用。事实上，通过长期的使用，这门科学已经有了自身的专名，这就是数学。它之所以在灵活性和重要性上远远超过那些依赖于它的科学，是因为它完全包括了这些科学的研究对象和许许多多的别的东西。"

笛卡尔认为自然界定律是预先规定的数学图景的一部分，具有不变性，就是上帝也无可奈何。所以笛卡尔虽然是个虔诚的天主教徒，但他否定了当时的信条：上帝至高无上，无所不能，不断地干预着宇宙的活动。

笛卡尔发展了数学方法原理并把它作为普遍的思想法则写进了他的《方法论》中去。最后归纳出的结论是：上帝是存在的，上帝是按照数学规律建立自然界的。

笛卡尔强调感性是人类认识的可靠依据，否认经验的实在性，提出"我思故我在"的哲学格言。他的哲学是以相互矛盾的唯心主义（机械）和唯物主义为基础的二元论。他以包含着唯物主义思想的自然科学著作反对封建主义神学经院哲学，在发扬法国民族的唯物主义传统，反对非理性主义、神秘主义、蒙昧主义的斗争中发挥了进步作用。

笛卡尔在钻研数学和哲学的同时，长年广泛地思考多种自然科学，如力学、光学、生物学、气象学、天文学，乃至音乐。他的思想产生于宗教改革运动之后，是当时正酝酿着的一场科学革命的一部分。

这场科学革命不仅推翻了中世纪科学的权威，而且也推翻了古代世界的科学权威。因而它比基督教兴起以来每一件事物都更加灿烂夺目，从而使文艺复兴运动和宗教改革运动变成不过是中世纪基督教世界体系内的插曲和内部变位。笛卡尔对这场科学革命做出了特殊的贡献。

在物理学上，笛卡尔重新提出了广延和运动是组成世界的基本量的说法。他和伽利略一样，倾向于把物质和容积等同起来，就是说和三维的广延性等同起来。他改进了伽利略的说法，认为自然运动是采取在一条直线上的而不是伽利略所设想的一个圆圈上的匀速的运动形式。这样，笛卡尔就成为第一个提出近代惯性原理的人。

笛卡尔的自然科学体系是机械主义的。在他的体系中，所有的物质的东西都是为同一机械规律支配的机器，动物、植物和无机物如此，人体也是如此。这样，他就排除了亚里士多德的那种以为自然界总是按照一定的等级制度构成的传统观念，把自然规律和机械原理看成一回事。这种机械的科学思想对以后几个世纪欧洲科学思想和哲学思想的影响也是极大的。

在光学上，笛卡尔也有所建树。他总结了前人的经验，第一个提出折射率的定律，即认为，光的入射角的正弦总是相互保持同一比例。他是光的微粒说的积极倡导者。虽然从近代物理学，尤其是量子力学的角度看，光的微粒说和它的对立面，即光的波动说都有其片面性。光的运动既是波动，也是粒子传播的。但是，在科学发展史上，笛卡尔的光的微粒说曾起过相当大的作用，19世纪之前，一直在光学研究中处支配地位。

在地质学上，笛卡尔把地球起源问题作为宇宙论或者说世界起源问题的一部分来研究，成为近代地球成因学中最有意义的理论。

总之，笛卡尔在哲学、数学、物理学、光学、地质学、心理学等研究方面的成就，都载入了16、17世纪世界科学技术史和哲学史。

此外，笛卡尔还强调科学的应用，指出科学的目的在于"造福人群"，使人类成为自然界的"主人和统治者"。

笛卡尔对教会势力的斗争讲求策略。为了躲

避教会势力的迫害，尽量不与教会发生正面的冲突。但是，终因其学说与教义矛盾而屡遭教会的迫害，引起荷兰僧侣们的极度愤怒，1647年他的著作遭到荷兰教会的烧毁。他辞世时，由于教会的干预，给他送葬的只是几个友人，且不准为他致悼词。

后来，笛卡尔的著作被教会视为洪水猛兽。1663年被梵蒂冈教会列入"禁书目录"。

但是，由于笛卡尔的哲学与数学思想影响日益深远，在他长眠17年后，法国政府不得不将他的骨灰请回国内，安葬在潘提翁的法国伟人墓地——神圣巴黎保卫者和名人公墓。

1799年骨灰又被厝置在历史博物馆，1819年移入圣日耳曼圣心堂中，墓碑上镌刻着：

笛卡尔，欧洲文艺复兴以来第一个为人类争取并保证理性权利的人。

世界五千年科技故事丛书